KB253838

묵·상·일·기 **I**

주님, 손잡아 주세요
나 노래하리이다!

정규진

도서출판 세줄

가족소개

아빠: 정익주 목사 , 엄마: 박은주 사모 , 형: 정규철 , 동생: 정규찬

나 정규진을 소개하자면요?

나는 사사학교(기독교대안학교) 재학생으로 가온누리(세상의 중심에 서서 하나님의 말씀을 전하자고 지은 정말 소중한 우리 사사학교 커뮤니티의 이름. 나와 같은 고등학교 2학년 공동체의 이름정도로 해두자.)에 속해있다(이 소개를 할 땐 언제나 자랑스럽다. 그 누가 뭐라고 해도.).

우리 집에는 사랑하는 그리고 존경하는 목사님이신 아버지와 어머니, 위에는 두 살 많은 형이, 아래에는 한 살 적은 동생이 있다.

이 정도면 나란 사람이 어떤 사람인지 알 것이다.

내가 이 책(이 책을 뭐라고 불러야 할까? 그림일기? 묵상집이라 해야 할까?)을 그리게 된 이유는 다름 아닌 어머니 때문일 것이다.

잘 기억은 나지 않지만 아마 작년 1학기인가 2학기인가였을 어느 날, 어머니께서는 나에게 선물을 주셨다. 분홍색에 토끼가 그려진 두꺼운 노트. 안에는 시험지와 비슷한 재질로 보이는 종이가 가득 있었다.

선물을 주시면서 어머니께서 나에게 말씀하셨다.

'여기에다가 그림을 그리렴.'

그 날부터 나는 그림을 그리기 시작했다. 기쁨과 아픔도, 슬픔도, 아주 솔직하게 그렸고… 내 안에 있었던 어려움들과 문제들도 그리기 시작했다. 무엇보다도 나는 그 것들을 해결하고(그 것이 무엇이든 간에) 내 아픔을 치유하시고 나를 만져주신 주님을 그리려고 노력했다. 그렇다. 하나님과 나의 이야기는 그렇게 이 책에 그려진 것이다. 그 이야기들은 때로는 사람들과의 대화를 통해 간접적으로 주님의 음성을 듣기도 하고 또 기도의 시간에 주님께서 내게 직접 들려주신 음성, 잠잠히 밀려오는 감동에서 얻었다.

그러니 오해하지 않았으면 한다. 따지고 보면 내가 그린 것이 아니라 하나님이 내 머리에 먼저 그리신 것을 난 그저 옮겨 그렸을 뿐이다. 어쩌면 하나님께서 내게 말했던 그대로 당신에게 말씀하시고 싶은 뭔가가 있는지도 모르겠다.

이 책을 통해 위로 받기를 바란다. 주님과 대화하고 위로받기를 바란다. 매일의 삶의 무게에 짓눌려 주님을 바라보지 못하는 이들이 주님을 만나길 바란다.

끝으로, 이 책을 그리는데 도움을 준 어떤 베스트셀러보다 유쾌하고 뜻 깊은 끈끈한 동역자들인 가온누리, 그 어느 누구보다 사랑하는 나의 가족(특히 나의 어머니)들과 이 책이 나올 수 있도록 도와주신 김재헌 목사님과 출판사 여러분들 마지막으로 나와 함께하시고 나와 늘 만나주시는 하나님께 감사드린다.

2013년 12월에.

그 속에 가려진 보화를 보세요

'살아있는가? 죽었는가?' 는 저희 기독인재 양성의 요람 사사학교가 평가하는 귀중한 잣대 가운데 한 가지입니다. 현대인들은 '잘했는가?, 못했는가?', '성공했는가?, 실패했는가?'를 기준하여 평가하고 있습니다. 즉 기도를 잘했는가? 못했는가? 찬양을..., 예배를..., 대화를...,공부를....대학을 잘 들어갔는가...,사업을....등에 관심이 많습니다.

물론 '잘했는가, 못했는가' 도 중요하지만 '살았는가, 죽었는가' 가 더욱 중요한 평가기준입니다. 기도가 살았는가..., 찬양이..., 예배가...,대화가...,학습이...등 이러한 관점에서 정규진 님의 〈그림 묵상〉을 보셔야 할 것입니다.

'잘했는가, 못했는가' 의 관점에서 보면 이 〈그림 묵상〉은 어설프고 때로는 유치할 수 있습니다. 그러나 '살아있는가, 죽었는가' 의 관점에서 보면 심장이 팔딱거림과 그가 살아있음에 반응의 표현임을 감지할 수 있을 것입니다.

"하나님–인간–세계"의 관계 속에 사는 우리들은 항상 예기치 못한 수많은 사건 속에 휘말리게 됩니다. 매 사건 사건마다 경험해보지 못한 그리고 다른 사람과 전혀 다른 나만의 새로운 사건입니다. 여기에는 인간의 삶 속에는 정형화된 공식이 통하지 않습니다. 세상에서 가르치는 방법은 수많은 사건을 분석하고 정리해 정형화되고 매뉴얼화 된 해결책과 방법을 가르칩니다. 이러할 때에는 이렇게 하고, 저러할 때에는 저렇게 하면 된다는 식입니다. 물론, 이러한 것들은 때에 따라 도움은 되지만, 다른 한쪽에서는 살아있는 경험보다는 죽어있는 정답형의 성공적인 사람들만 키우게 되는 단점도 있습니다.

독자 여러분들이 정규진 님의 〈그림 묵상〉을 좀 더 잘 볼 수 있는 관점은 다음과 같습니다.

첫째 관점은 "하나님–인간–세계"의 관계 속에서 살아있는 '물음'을 보는 것입니다. 사사학교에서는 이러한 것을 "소아 질문법"이라고 합니다. 정규진 님의 '물음' 속에 하나님 앞과 말씀 앞에서 기쁨과 환희와 감동 그리고 감사가 있는가 하면 때로는 하나님 앞에서 절규, 처절함과 원망과 갈등의 고뇌의 '물음'이 있음을 보실 수 있습니다. 그 '물음'은 자신에 대하여, 타인에 대하여 그리고 사람들과의 관계 속에서 정과 미움과 그리움과 갈등들이 교차되고 있음을 볼 수 있을 것입니다.

둘째 관점은 그가 온 몸을 열고 반응하는 것을 보셔야 합니다. 그의 간결한 글과 단순한 그림 속에 그의 온 몸이 살아있어, 민감하게 반응하고 있는 것을 보셨으면 합니다. 그의 눈의 동공은 열리고 귀는 쫑긋되고 있으며, 때로는 혀의 맛과 냄새...등 모든 감각기관과 땀구멍까지 열려 있음을 볼 수 있을 것입니다. 사사학교에서는 이러한 방법을 "창문이론"이라고 합니다.

그리고 셋째 관점은 나의 현재의 삶과 꿈속에서는 '나와 너 그리고 우리'를 늘 염두에 두고 있습니다. 내가 좋은 대학에 가서 내가 잘 먹고 잘 살고, 내가 성공적 삶과 내가 입지적인 사람이 되고 싶은 이기적인 '나의 꿈'을 꾸지 않습니다. 이러한 꿈들은 나를 위해 모든 것과 모든 사람 심지어 하나님까지 나를 위해 존재하고 끌어들이는 것입니다. 그러나 정규진 님의 삶과 꿈은 '나는 항상 너’ 속에, 그리고 ‘나는 우리’ 라는 떨어질 수 없는 구도 속에 있기 때문에 그는 고민과 갈등이 있습니다. 그래서 그에게는 하나님의 부르심 앞에 민족과 교회와 역사 앞에서 무엇을 어떻게 감당할 것인지에 대한 두려움과 기대가 묻어 있는 것을 보실 수 있습니다.

위와 같은 관점으로 보셔야 하는 이러한 것들은 아마 정규진 님이 사사교육을 받으면서 묻어 있는 것들입니다. 그는 사사학교와 뗄 수 없는 관계이기 때문입니다. 사사학교는 위기와 혼란의 시대에 사람을 세우고, 키우기 위해 설립되었습니다. 똑똑하고 탁월한 사람, 성공한 사람, 입지적인 사람은 지금도 많습니다. 그러나 하나님이 찾으시는 신실한 사람은 극히 적습니다(렘 5:1). 지금의 시대야말로 ‘영성-인격-실력-섬김’ 을 갖춘 사람이 필요합니다. 문제와 위기가 있는 각 분야마다 군림과 지배가 아닌 섬길 수 있는 기독인재가 필요한 것입니다. 이러한 기독인재를 우리는 ‘사사’(士師)라 부릅니다.

사사사역은 단순히 사사학교나 청소년교육에 머물지 않으며 나아가 ‘교육-선교’ 의 사역을 하고자 함입니다. 주님 오실 때까지 다음 세대를 키워내며, 교회의 교육을 정상적으로 돌려 교회 학교를 살리고, 무너진 가정을 회복하며, 흩어진 부모와 교사들을 재무장 시키며, 그리고 각 곳에 황폐하고 무너진 각 분야를 다시 세우는(RE-BUILD : 사 58:12)일입니다.

사랑하는 독자 여러분, 정규진 님의 〈그림 묵상〉은 산뜻하고 탁월함이 보이기보다는 무디고 어설프고 세련되지 못한 것을 보게 될 것입니다. 그러나 그 속에 가려진 보화와 같은 것이 있습니다. 내면에 꿈틀 거리는 역동성을 보게 될 것입니다. 그리고 지금은 정규진 님이 아직 어리고 미성숙되었지만, 20년 30년 후에, 민족과 교회와 가정을 짊어질 미래의 사역자를 보시면 됩니다. 저자와 같이

신앙과 인격과 실력을 겸비해 나가는 다음 세대가 있음에 우리의 미래가 어둡지 않고, 소망이 있는 것 아닙니까?

여러분들의 계속적인 격려와 사랑과 기도를 부탁드립니다.

2013년 12월 어느 날, 사사동산에서

기독인재의 요람 사사학교장 전 겸 도 목사

진실을 볼 줄 아는 눈

일반 사람들도 사람에게는 세 개의 눈이 있다고 흔히 말합니다. 육안(肉眼), 즉 육적인 눈은 모든 인간이 다 가지고 있고, 아름다움을 볼 줄 아는 심미안(審美眼)으로 오랜 기간 숙련된 사람만이 가진 눈일 것입니다. 좀 더 지혜로운 것을 볼 줄 아는 혜안(慧眼)은 오랜 시간 독서와 경험을 해야 가질 수 있는 참 보배로운 눈입니다. 하지만 이 보다 더 중요한 눈이 필요한데 그것을 우리는 영안(靈眼)이라 할 것입니다. 영안(靈眼)이란 말 그대로 영적인 것을 볼 수 있고 살필 수 있는 눈입니다. 이 눈은 아무리 노력해도 인간의 힘으로는 가질 수 없는 눈입니다. 오직 하나님의, 은혜로 주님의 피로 거듭난 사람만이 가질 수 있는 눈이기 때문입니다.

육안에 심미안과 혜안을 가진 사람을 우리는 난 사람 혹은 된 사람이라고 부를 수 있을 것입니다. 하지만 영안(靈眼)이 열린 사람이 이 세 가지를 가지고 있다면 그는 반드시 '인물'이 될 것입니다. 인재(人才)가 아니라 인물(人物)이 되어야 하나님이 사용하십니다.

정규진 군의 작품을 보면 그가 영안을 남들보다 더 밝게 뜨고 있는 청년임을 확인할 수 있을 것입니다. 작품 하나 하나가 어쩌면 그렇게 밝고 믿음이 가득하며 성경적이며 긍정적인지 확인하게 될 것입니다. 그 옛날 어거스틴이 가졌던 그 '고백'처럼, 파스칼이 썼던 그 '팡세'처럼 하나 하나가 고백이고, 기도입니다. 다만 장르가 글이 아니라 카툰이라는 것만 빼고 말입니다.

그런데 정규진 군은 세상이 말하는 장애우입니다. 하지만 그 어디에서도 그 연약함을 찾아볼 수 없습니다. 오히려 더 강한 믿음과 확신과 사랑을 가지고 있습니다. 그래서 이미 갖고 있다고 착각하고 있는 우리를 더 부끄럽게 만듭니다. 처음에, 이 작품을 가지고 아버지가 찾아와 책을 만들 수 있느냐고 물어볼 때 전 전율을 느꼈습니다.

'아! 하나님이 내리신 천사가 우리 가운데 있구나!'

정말, 귀하고 보배로운 존재가 아닐 수 없습니다. 언젠가 제가 참으로 존경하는 장로님으로부터 이야기를 들었는데, 화재로 인해 전신이 마비가 온 한 자매를 전도하려고 애를 썼는데 어떤 방법을 동원해도 복음을 받아들이기는커녕 자꾸 자살을 하려고 했다는 것입니다. 그때 송명희 시인의 시집을 그 자매의 손에 선물로 주었다고 합니다. 그런데 일주일 만에 변화가 일어나서 예수님을 영접하였을 뿐 아니라 뒤늦게나마 신학을 하여 지금은 장애우 공동시설에서 휠체어에 앉아 전도사님의 일을 하고 있단 이야기였습니다.

그렇습니다. 송명희 시인의 경우에도 영안이 열렸기 때문에 자신이 가진 연약한 육신만을 쳐다보며 실망하지 않고 좌절하지 않았습니다. 오히려 자신이 가진 것, 즉 예수님과 복음과 부활과 영생의 소망을 가지고 세상을 부끄럽게 만들었습니다.

저는 정규진 군이 그런 일을 이 책을 통해 시작한다고 믿고 싶습니다. 그래서 강하게 이 책을 추천합니다. 꼭 읽고 보고 그리고 묵상하여 이 책을 더 많은 사람들에게 소개하게 되기를 바랍니다.

2013년 12월 성탄절에

『16살 네 꿈이 평생을 결정한다』이 베스트셀러 저자 김 재 헌 목사

목 차

진리를 따르는 이유?

하하... 내가 따르는게 아니고 진리가 나를 이끄는 거야.

그래서 마치 따르는 것처럼 보이는 거지...

이유따윈 없어. 아마 있어도 모를거야... 주체가 내가 아닌걸?

자유함을 원한다면 함께 이끌려 가자!

거기엔 참 자유와 기쁨이 있거든... 아 이것도 이유가 되는 걸까?

단지 자유와 기쁨 때문에? 아니야, 그게 다가 아닐꺼야...

진리에 다다르면, 알게 될거야. 진리가 이끄는 곳에 도착한다면 말이야...

너와 내가 생각하는 그 이상의 곳...

진리가 이끄는 너와 내가 생각하는 그 이상의 곳...

절벽, 벼랑 앞에서의 인도 (1)

멈춰! 기다려! 잠깐만 기다리면서 쉬어!
그리고 들어 봐! 조용히... 그리고 보렴

...알겠니?
절박한 순간은 항상 갑작스럽고 원망스러워
그리고 낙담하게 되고 절망스럽지
하지만 기억해!
그 이전에 있었던 경고를 무시해 왔다는 것과 맘대로 살아 왔다는 것,
그리고 늦기 전에 되돌아 갈 수 있는 순간은...

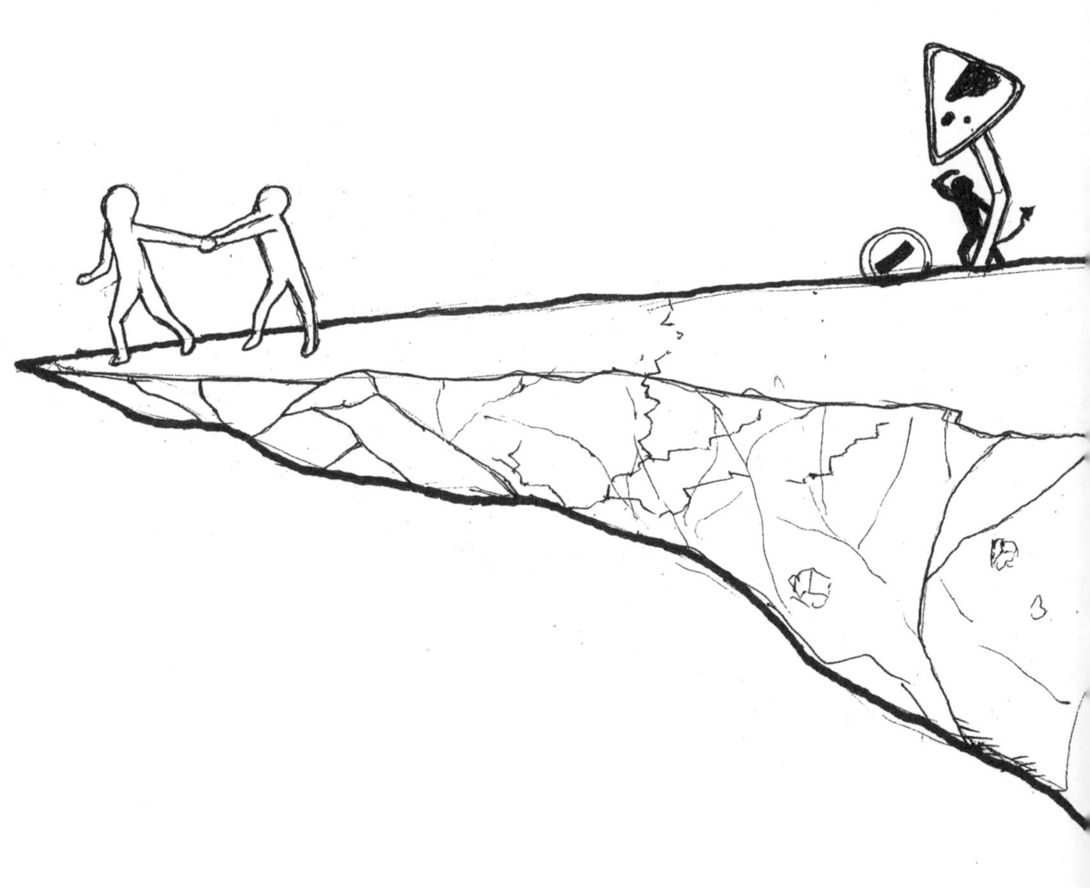

절박한 순간... 그때뿐이야...

절벽, 벼랑 앞에서의 인도 (2)

...

이해되지 않는 상황이라도

절박한 때면 그분의 말에 순종해야지... 아니, 언제든지 말이야

너의 감정이 혹, 반항하고자 한다면...

알아둬야 할게 있어...

그게 뭐냐하면...

자, 그분이 길이고 생명...
그 '자체'라는 걸 알아둬...

포기 (1)

진리를 따른다는 거...
힘든 것도, 포기할 것도, 희생해야 할 것도 많다는 거 알아.
  '그것' 때문에 '나'를 포기할 수 있을까?
수많은 가능성을 버리고 주님 따를 수 있을까?
아, 난 말이야 이런 생각이 들면 주님 오실 때까지 기다려
수많은 가능성과 기회...
그리고 그 기회와 가능성들 중
  '최선'을 선택할 수 있다고 자부하는
교만의 극치, '나'라는 신분을 포기하는
이유...

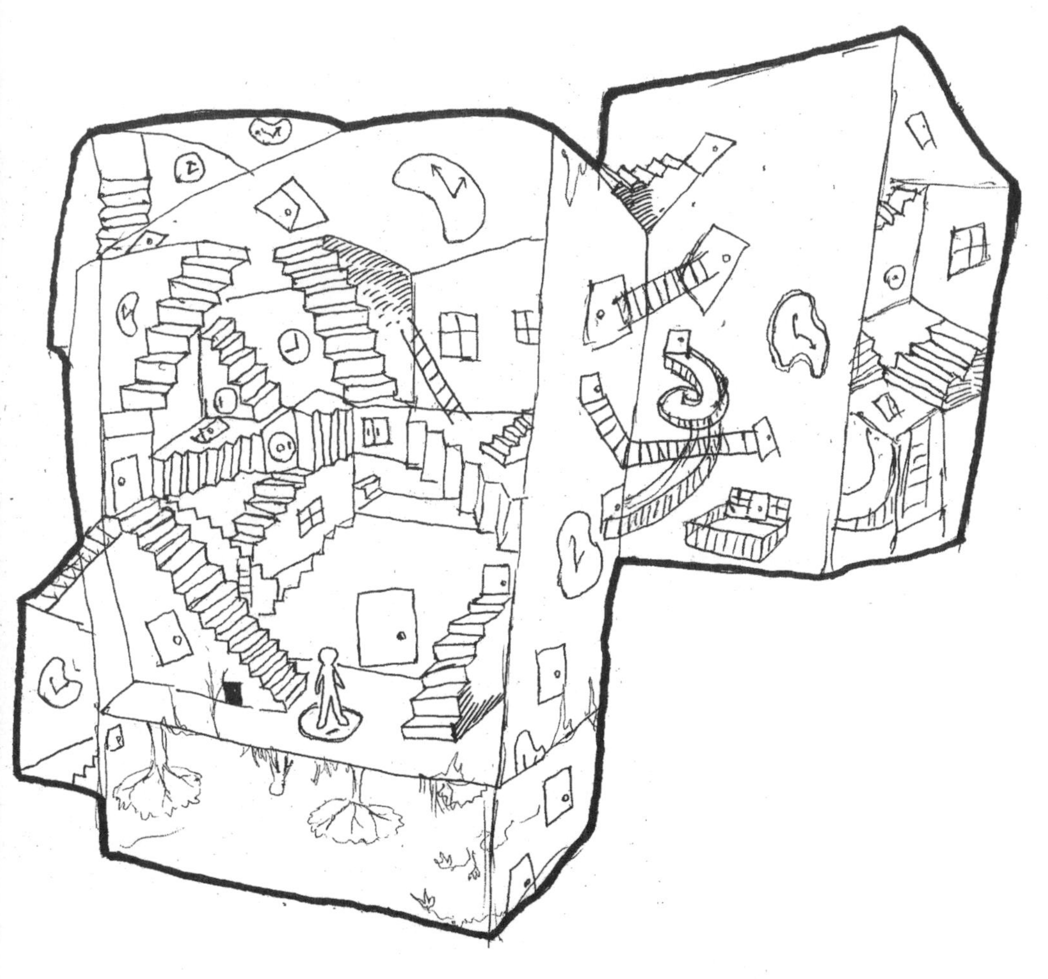

내가 생각하는 최선이,
그것이 진짜 최선이 아니기 때문이야...

포기(2)

...
      .....
신기한건
포기하면 얻는게 더 많아
기다리면
내가 선택하는 가능성 보다
더 많은 걸 얻지...

잠깐, 너 안에 계시는 그분을 만나기 위해
포기하렴, 기다리렴...

마음문을 열어주는 그분을 통해
일시적인 인간의 '성공'이 아니라 '승리'를 원한다면

내 위치, 시간, 권리를 포기하고 기다리면 주님께서 하실꺼야...

잠깐, 너 안에 계시는 그분을 만나기 위해

나무타기?
인생살기!

나무를 타 본적 있니?

한 번 올라가면...

　'나무'없이 나 혼자만의 힘으로는 내려올 수 없어. 더 올라갈 수도 없어...

나무를 꼭 잡아야지 안 그러면 떨어져 버려

인생도 그래...

나무를 꼭 잡아야지

방법이 없는 곳에서...(1)

...
이봐, 꽉 막혔어
앞도 막혔고, 옆도 막혔어.
오른쪽도 왼쪽도 더 이상 나갈 수는 없어.
심지어는 뒤에도 막힌 것 같아...
갇힌 건가? 아무것도 못하는 건가?

아, 시야가 조금만 더 넓었으면...

아, 시야가 조금만 더 넓었으면...

방법이 없는 곳에서...(2)

그래, 구름에 가려도 해는 항상 뜨는 것처럼

해가 존재하는 것처럼

앞뒤 좌우가 막혀도 어딘가에는 '방법'이 존재하는 거야...

앞뒤 좌우가 막혔을 때...

어디로도 가지 못해 갈팡질팡 할 때

하늘을 봐...

너의 '방법'은 어디에 있니?

너가 설사 어떤 것에 갇혀 있더라도

갇혀있다고 생각하지마...

아무 것도 할 수 없다는 걸 알아도 희망 만큼은

포기하지마.

해결책은 언제나 주어져 있다는 그 희망이

그 믿음이 너를 빠져나오게 해 줄거야...

그 어떤 '방법'을 찾을 수 있겠지...

난 알아 내 '방법'은 항상 내안에 있어...

...당신 안에 예수님이 거하시고 그것이
살아가는 목적이며 '방법'입니다.

은사...
보이지 않는 능력

주님께서 주신 능력은 너무나 작아
나는 그것을 이해하지 못했는데...
이제 조금 알 것 같아

눈에 보이는 게 전부가 아니라는 걸...
주님은 그런 식으로

너에게 놀라운 능력을 더 하실거야

아버지와 아들

날마다 주님을 생각하는 사람…

날마다 주님을 향한 사랑이 커져가는 사람… 변함없는 사람…

날마다 주님의 나라를 기다리는 사람… 기대하는 사람…

날마다 주님을 의지하는 사람…

날마다 주님과 죽고

주님과 함께 사는 사람…

그런 사람이 되고 싶은 이유…

나와 주님은 아빠와 아들의 관계인걸...

희망

'희망'이란 주어진 것이야.
아주 작은 가능성도 이미 주어졌어.
  '희망'은 아무리 좁은 틈이라도 들어와

중요한 건... 아니, 정말 힘든 건
그 '희망'을 품는거야

아무리 어두운 곳에 외로이 혼자 있더라도
  '희망'이 문을 두드릴 때, 아주 작은 가능성을
찾았을 때면
문을 열어
그리고 그 '희망'을 맞이하는 거야...

성품

빛...

그것은 과학으로도 설명할 수 없다.

하지만 역사속에서 끊임없이 존재했었다.

수학과 언어 조차도 그것을 완벽하게 풀어내질 못한다.

그러나 그것은 보이게 하며 진실을 밝히는 신비함을

가지고 우리를 무지에서 깨어나게 한다.

이것이 주님의 성품이 아닐까?

의지의 대상 (1)

난 참 바보같아
　　도대체 무엇 때문에...

내 마음에 쓸데없이
쌓아 놓은 것만 보이니?

나의 필요 이상의 것들이
넘쳐나는 곳!

내 마음의 창고는...

의지의 대상 (2)

이젠 더 이상 내 유익이 우선이 아니야...
눈에 보이는,
썩어만 가는 그 창고를... 나는
버릴 수 없다고 생각한 그것을
내버려두기로 했어.

웃지도 울지도 못 할 만큼 힘들 때...
그것들이 날 울게도 못했고
날 웃게 하지도 못했어.

내버려 두고 가.

의지의 대상 (3)

...
기댈 수 있는 것
보지 못해...
기댈 수 있을 때에도 보지 못해...
웃지도 울지도 못할 만큼 힘들 때
눈을 감고 의지할 수 있는
예수가 좋아...

그제서야 나는 울수도 웃을수도 있지
그안에 희망과 소망을 찾아.

볼수는 없어도 사랑은...
느껴지는 거야...

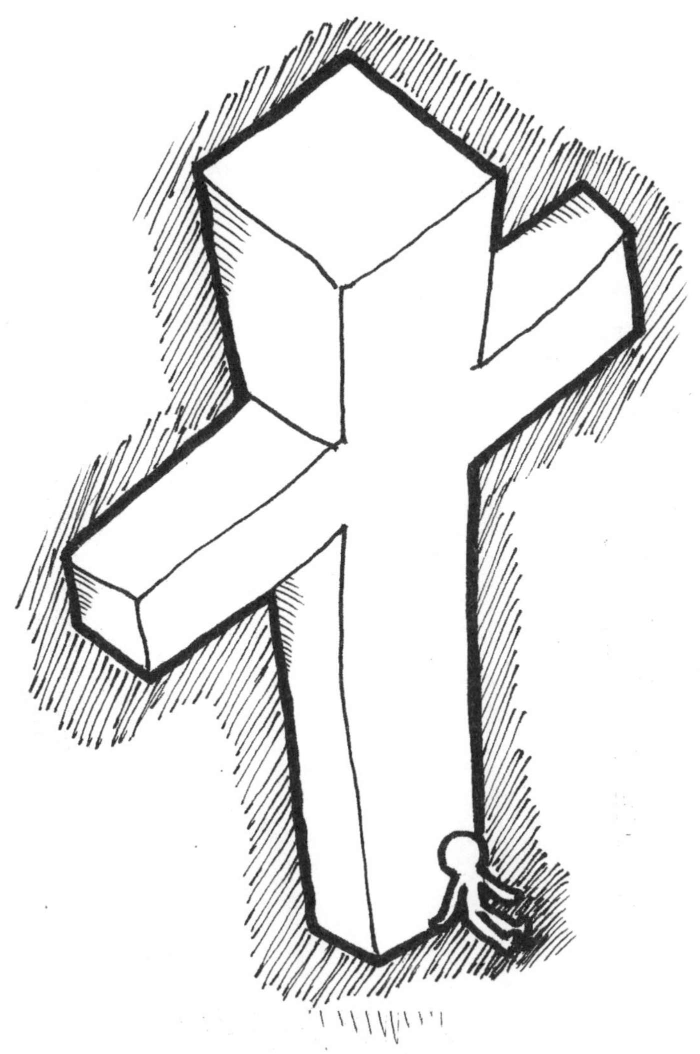

느껴지는 거야...

도전(1)

자신을 가두고 자신을 숨기는 것...

그것은 멋지고 깔끔하고
굉장히 지능적으로 보일지도 모른다

다칠까봐 자신을 숨기고
상처줄까봐 자신을 가두는 것은 물론 필요할지도 모른다.

그렇지만서도...

그렇지만서도...

도전(2)

가끔씩은 솔직해 보자
다치고 상처주면서 더 자라는게 아닐까?

그래, 한 번은 날뛰고 자유롭게...
몸도 좀 풀고 달려보자!

따라가려면
숨어 있으면 안되니까...
따라가려면
달려야 하니까...

말씀에 선 자여... 실패를 두려워 하지 말라!
혹 실패한다 해도 실패조차도

주님의 계획 아래 있을 지 누가 아는가?

주님은 나무...

우리는 가지에 매달리는
불안정함이 아닌...

온전히 주님의 가지가
됨으로 하나되는 안정감...
그 안에서 하나의 '일체'가 된다...

재구성...

무너진 곳을 수리하는 것은 보수...

그리고 완전히 무너져 버린 것을
수리하는 것은 재구성...

오늘... 내 삶의 재구성이 필요함을 느낀다.
무너진 내 삶을 재구성해 주실

주님을 기대한다...

파도 같은 분

내가 한심하다고만 느껴질 때...
아무 것도 아니라고 느낄 때도...

창피하고 외로워 위로 받지 못할 때...
능력없음에 짜증나고 우울할 때도...

파도는 모든 것을 지운다.
파도는 모든 것을 쓸어 간다.

파도 같은 분이 있어!
때론 아무 고민하지마...

아무 걱정하지마... 일의 결국은...
천지를 창조하시고 주관하시는

우리의 하나님 이시니까...

아름다운 것

비가 아름다운 것은
빗방울이 내리기 때문이야

분수가 아름다운 것도
솟아 올랐던 물들이
내려오기 때문이야

당연한 자연의 법칙속에
아름다움이 있는 것처럼

당연한 삶의 법칙 속에도
아름다움이 있는거야

매일매일을 살아가는 것이
그 어떤것도 자기자신의 힘으로 하지
못한다는 것이
기도하고 예배할 수 있다는 것이

얼마나 아름다운지...

내일은

오늘은 쓰러져도
나 내일은 일어서리라!

오늘은 패배하여도
나 내일은 기필코 승리하리라!

몇번이고 넘어져도
몇번이고 쓰러져도

몇번이고 일어서 보이리라!
몇번이고 이겨내 보이리라!

내 안에 계시는 예수가
내 안에서 역동적으로 역사하시며
오늘도 나를 일으키신다.
나 내일은 기필코...
일어나리라!!

주님의 사랑이
오늘도 내일도

나를 격동케 한다

별(1)

고독하다... 아니... 외롭다
나 혼자라 외로운 게 아니라
나의 존재조차 느끼지 못하는
쓸쓸하고 막막한
적막... 그리고 고요

바람한 점도 ... 쥐새끼 한마리 없는
아무 것도 없는 사막엔

저멀리 별이 비친다...

별(2)

그래,
자기 자신조차 느끼지 못할 정도로
외로울 때면

사막같이 고요함...
적막함이 흐르는
외로움과 괴리감속에 사묻혀 있는
너의 심령속에 임재하실 하나님...
아무 것도 없는 쓸쓸한

사락에도 별이 비치니까...

가온누리 : 세상의 중심

난 '가온누리' 가 하나, 하나의 씨앗들이라고 생각한다. 비록...

하나되기엔 너무나 멀어보이지만...

너무나 달라 보이지만...

씨앗의 모양은 상관없지 않은가?

크든지 둥글든 조그맣든 예쁘든 못생겼든 쭈글쭈글하든지 말이다...

씨앗이 심기는 곳도 상관없지 않은가?

아프리카에 심기든

내 옆 화단에 심기든

저 먼 유럽에 심기든지 말이다.

씨앗은 그저 자기만의 잎을, 자기만의 나무를 품에 안고

조금씩 조금씩 자라난다.

　'세상의 중심'... 그 씨앗들이 우리라고 난 생각한다. 또 확신한다.

우리가 자라났을 때 그리스도의 영광을, 그 나라를 볼 수 있을 거라고...

가온누리는
사사학교의 10학년 커뮤니티의
명칭입니다.

구해 봐! (1)

'절망' 이라는 바다에 빠질 때
인생의 어려움 속에 우리는
이런 소리들을 들을 수 있나?
　'틀렸다...
더 이상은 소용없어...
모든 게 다 끝이야!
이젠 어쩌겠어...
포기해야지...
모든 것 다...'

…!

구해 봐! (2)

...
나는 가끔 이런 생각을 한다.
  '내' 가 하지 못하는 것은...
다른 무언가가, 다른 '누군가' 가
할 수 있다라고!
더 이상 포기하지 말고
그 누군가에게 구해봐!
그 무언가에 기대해 봐...

그렇게 포기하긴 이르지 않는가?

구해 봐! (3)

난 확신하기 원한다

언제나 내 안에 희망이...

내 안에 언제나 의지의 대상이...

존재 해 왔고...

존재하고...

앞으로도

존재할거라고...

그걸 믿기에... 더 이상 절망 속에

쳐박혀 있을 수 없다고...

합주(1)

새장에 있던 새가 날아가버렸다...

저 멀리... 이유 따윈 모르고...

더 이상 그 노래를 들을 수 없다...

그렇게 그네만 흔들리고 있다.

이별은 너무 다짜고짜 찾아온다.

웃을 시간도 울 시간도 주지 않는다. 그 녀석은

마음을 찢어지게 만든다.

마시지 못하는 것도 잘 알면서 물통에 물을 따른다.

먹이지 못한다는 걸 알면서 먹이를 가득 채운다.

더 이상 들리지 않는다는 것을 알면서도 귀를 귀울인다.

이별이란 현실을 너무 씁쓸하게 만든다.

현자도 바보로 만드는 녀석일 것이다.

신도 아프게 하는 녀석이다. 빈자리...

그것은 새없는 새장일 것이다.

합주(2)

그렇게 허전하면 숲속으로 가라!
숲속에 가면...

내 새장에서 울던 녀석의
독주는 들을 수 없지만

내 새장에 있던 녀석의
합주는 들을 수 있다.
...
내 생애 가장 아름다운 합주를 말이다.

그리움은 커지면 커질수록 그 대상이 또렷해 진다.
그러니 마냥 떠난 자리를 보고만 있지마라!
시간이 지나면 다시 만나게 될 테니까...
그래, 이별은 불가피하지만

만남은 그 이별보다 더 필연적이니까.

합주(3)

섭섭해 하지마 ㅋ
…
그러니까 너답게 행동하라고!

(그 새는 아마 이렇게 말하지 않을까?)

선택합주 (1)

인생에 있어 선택의 기로 가운데
항상 확신할 수 없을 것 같아.
내가 만약 진리만 선택할 수 있다면
두려움이 없겠지?

모르겠다 하고 아무거나

밟는다면...

선택합주(2)

썩은 통나무 밟듯이
폭삭 주저 앉아 버릴거야...
그렇지만 그건 너의 잘못이 아니야
단지 그곳에 있던 썩은 통나무가 문제지...

실수... 그래 그건 실수야.
너는 절대 그런 결과를
원치 않았을테니....

그치만 잊지마...

기억해

선택합주(3)

네가 실수를 했든, 하지 않았든
그건 별로 중요하지 않아.
불안정한 징검다리같은 인생에서
의심이라는 물결에, 혼란이라는 물결에
휘말려도 포기하지마...
주님께선 끝까지 널 지켜 보시고
예수님은 그런 널 위해 오신 거니까...

너의 의지의 대상은 누구니?
언젠가 그 물결조차 이겨 낼
너가 의지하는 반석을 기다려
절대 휘말려 쓰러지지마!
실수는 잘못이 아니지만 포기는 잘못이야.
주님은 널 끝까지 바라보시고

절대 포기하시지 않으니까....

선택합주 (4)

오늘도 한 걸음 나아갑니다.
주님, 지켜봐 주세요.
앞으로 진리만 밟으며
가고 싶어요.
때로는 의심에 혼란에
고난에 빠질지라도...
그 실수로 더 이상 괴로워하지 않을래요...

주님 나를 지켜보시고 포기하지않으시고...
구해주시니깐요...

계속 나아가도록...

저기 ...
저 먼곳...
무지개처럼 잡힐 것 같지만
잡히지 않는 그곳...
넌 가본적 있니?
걱정마 거의 다 왔어...
너 안에 주님이 있다고?
다왔네.

희미하지만...

떨어져버릴 것 같았던
그 당시엔 몰랐던

그 위기의 순간으로

너를 이끌어봐.
아스라히 보이는 너의 그 절박한
순간이
감사와 기쁨으로 바뀌어 있다는 걸...
감격과 찬양으로 바뀌어 있다는 걸...

알겠니? 진짜 길은 처음이 어떻든 끝은 그곳으로 향해 있다는걸...

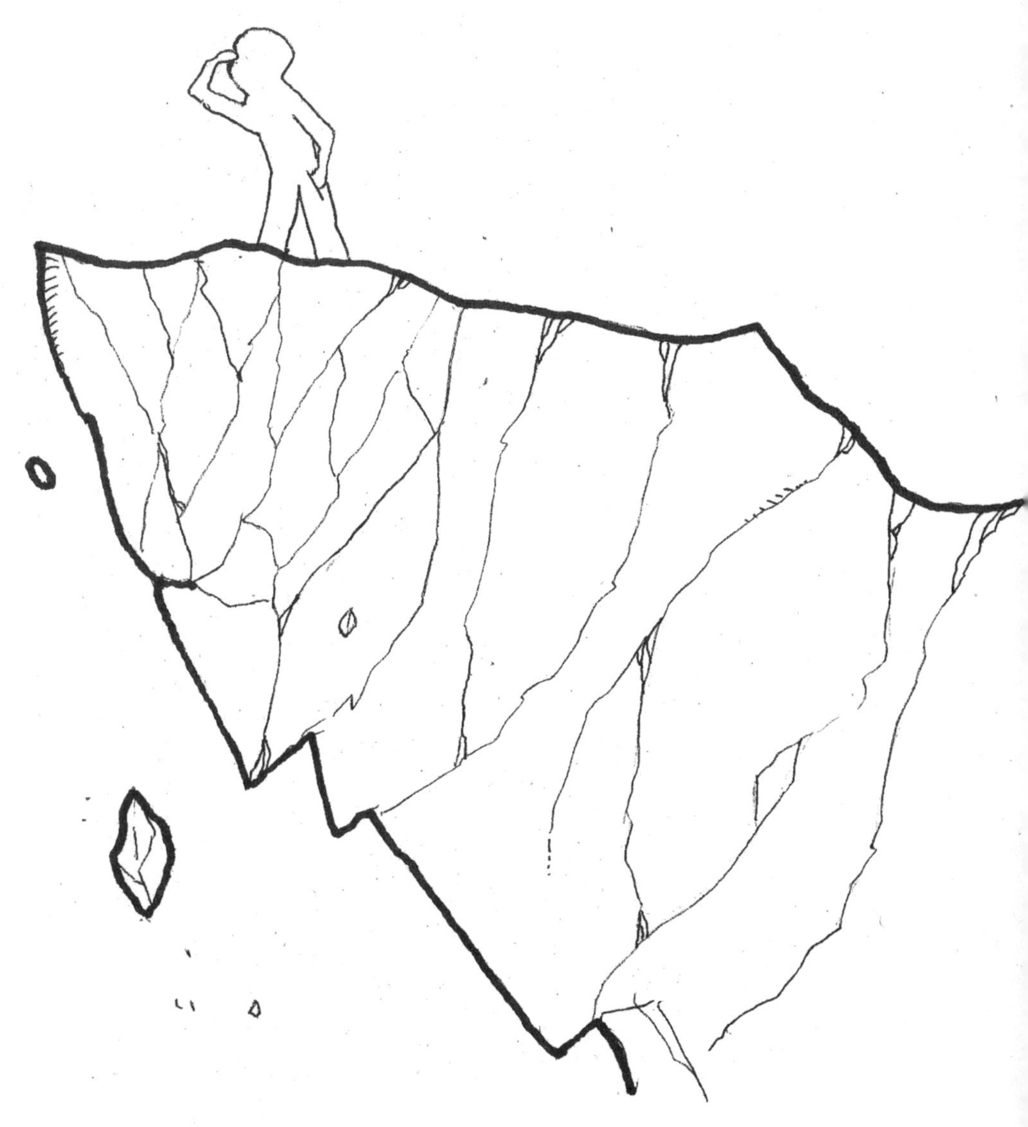

...나는 그걸 복음이라 불러.

가능성

수 많은 가능성의 기로...
사실 난 포기 못했어
아마 조금 빙둘러 갈지도?

그렇지만 그 가능성들이
결국엔 그리로 향하더라...
어떤 생각에서 떠오른
계획도 결국엔 그리로 향하더라

그 가능성은 어디에서 온 걸까?
어떻게 생각하게 되는 건지
혹시 너는 아니?

모든 가능성을 잃어도
그 모든 것을
가능케 하실

한 분만은 잃지마.

한숨대신

강 바닥부터 뛰어오르는
한 마리의 연어처럼
오늘도 힘차게...

목적없이 하염없는 한숨대신

힘찬 도약으로 살아가길...

연애편지 (1)

어느날 당신에게 이런 편지가 온다면?

"오늘 당신을 만나고 싶어요.
-당신을 짝사랑하는 사람-"

그것도 매일같이... 말이야.

연애편지 (2)

당신을 짝사랑 하시는 분이
언제나 당신을 바라보고
언제나 당신을 기다린대

놀랍지 않니?
그분... 그예수라는 분을

오늘은 꼭 만나길 바랄께

행동에 결과를 바라지마.
결과 이후의 '궁극'을 바라봐.

저 작은 새를 봐
저 어머새를 봐
먹이를 주는 행동에 결과를 바라는 거야?
먹이를 받는 행동에 결과를 바라는 거야?

아니... 절대.

그럼에도 거기엔 살아가는 '목적'이 있어
살리고... 살아가기 위한...
너에게는 그 행동의 '궁극' ... 목적이 있니?

다시 시작 (1)

모든게 차가워져 갈 때
제자리에 붙어있어야 할 것들이
모두 떨어져 버릴 때...

외롭고 힘들어?

너의 삶 속에서도
그런 때가 있을 거야
모든 게 떠나가고

점점 냉소해져만 갈때...

다시 시작(2)

얼어붙어 더이상
그 어떤 감정도 느끼지 못하고
힘들고 지쳐 그저
눈물만 하염없이 흘리고...
뜨거운 마음도 어느샌가
사그라들고

식어져만 갈 때

다시 시작(3)

그거 알아?
시작은 겨울이야
춥고 안타깝지만
결국 따뜻해져만
가거든...

겨울이 가고
결국 봄이 오는 것처럼
아름다운 삶을 시작하게 될거야...
기도 해봐...
귀 기울여봐...
모든 냉소한 모든 것들이 녹아만 갈 때
그때 너의 웃음을 다시 찾겠지?

함께 할때 다시 시작이다!!

다시 시작 (4)

저요,
조금 이상해요
아무 것도 못하겠어요
이대론 아무 것도요.

평생동안 말이예요!

그치만요...
그건 당신만 아시잖아요
내가 아는 게 아니라
당신이 아시잖아요

주님, 나를 고쳐 주세요...

사람은 일을 겪으며
살아가.
슬픈 일이든 기쁜 일이든,
마냥 기뻐할 수도 슬퍼할 수도
없잖아?
솔직하게 살아가자구!

그럼에도 불구하고
우리의 감정과는 상관없이
주님께로 달려나갈테니깐
이왕이면 신나게 달려가자구!

주님은 언제나 함께 하시니깐!

개 같은 나를 불러주신 주님...
당신께 개 같이 충성하고
개 같이 달려갈께요!

당신의 충견이 되고 싶어요.

너의 삶을 뒤집어!

너의 삶은 어떻니?
예배가 먼저니 너의 일이 먼저니
너의 일이 앞선다면 그건
순서가 바뀐거야...
뿌리가 먼저인것처럼...

너의 우선순위를 알아가길...

열정을 태워
모든 것을 소진해서...

십자가에서 예수님이
심장터지도록
사랑한 것처럼...
그 어느것보다 뜨겁게...
주님께 나아가...
어떻게 그렇게 나가냐구?

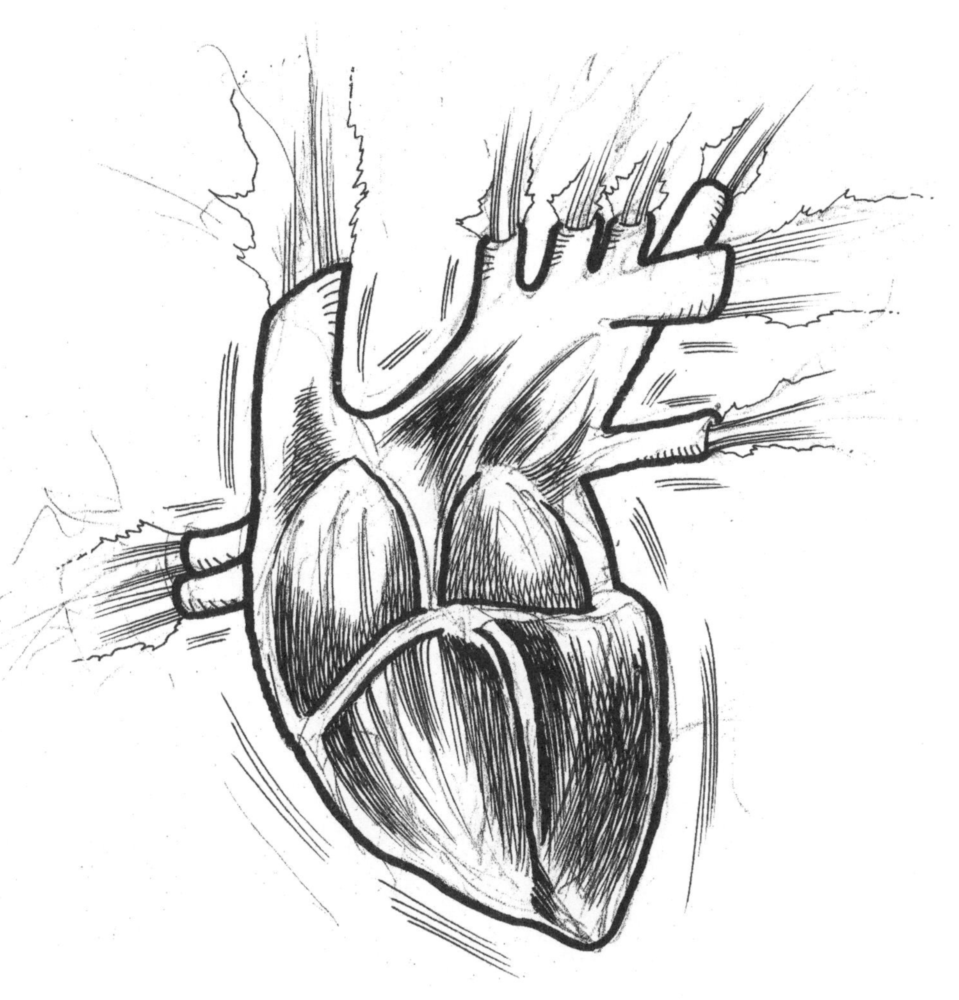

기도하며,
지금이란 시간을
허비하지마!
기도할 때 바로
하나님이 일하실 거야

당신이 '하나님의 불꽃' … 그 아름다운 예배가 되어 타오르길…

혹

사그라 들지라도

기름 부으심을 기다려…

주님이 주시는 그 힘으로

다시금 타오르길…

너 안에 있는 열정…

너의 모든 것을 소진할 때쯤…

진리가 이끄는 그곳에 도착할꺼야.

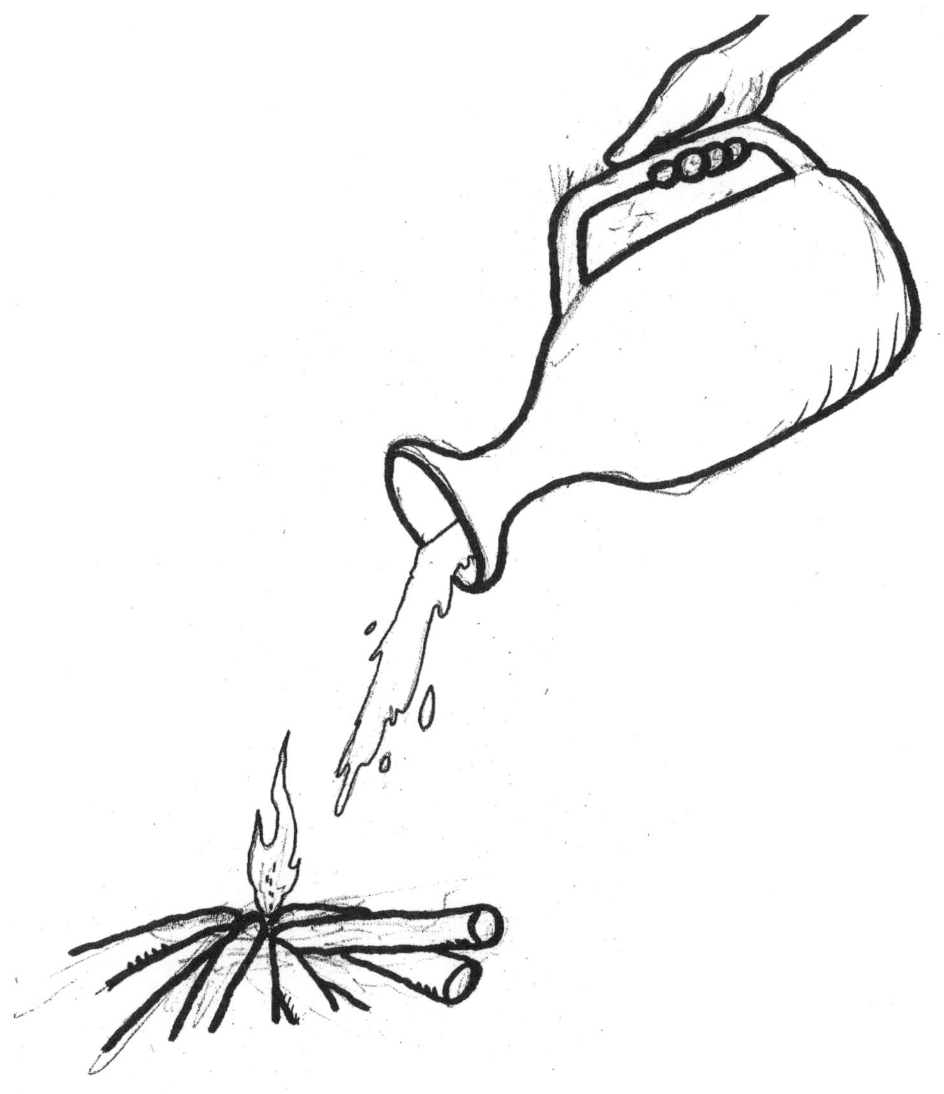

살아간다는 건 그리쉽지 않나봐
배신... 모함... 시기...
질투... 미움... 사기... 고난
아부... 방탕... 유혹... 시련
그리고 절망.
넌 이것들을 다 이겨낼 수 있니?
난 내힘으론 이것들을 이겨내지 못해

그치만 이겨내야만 하잖아?

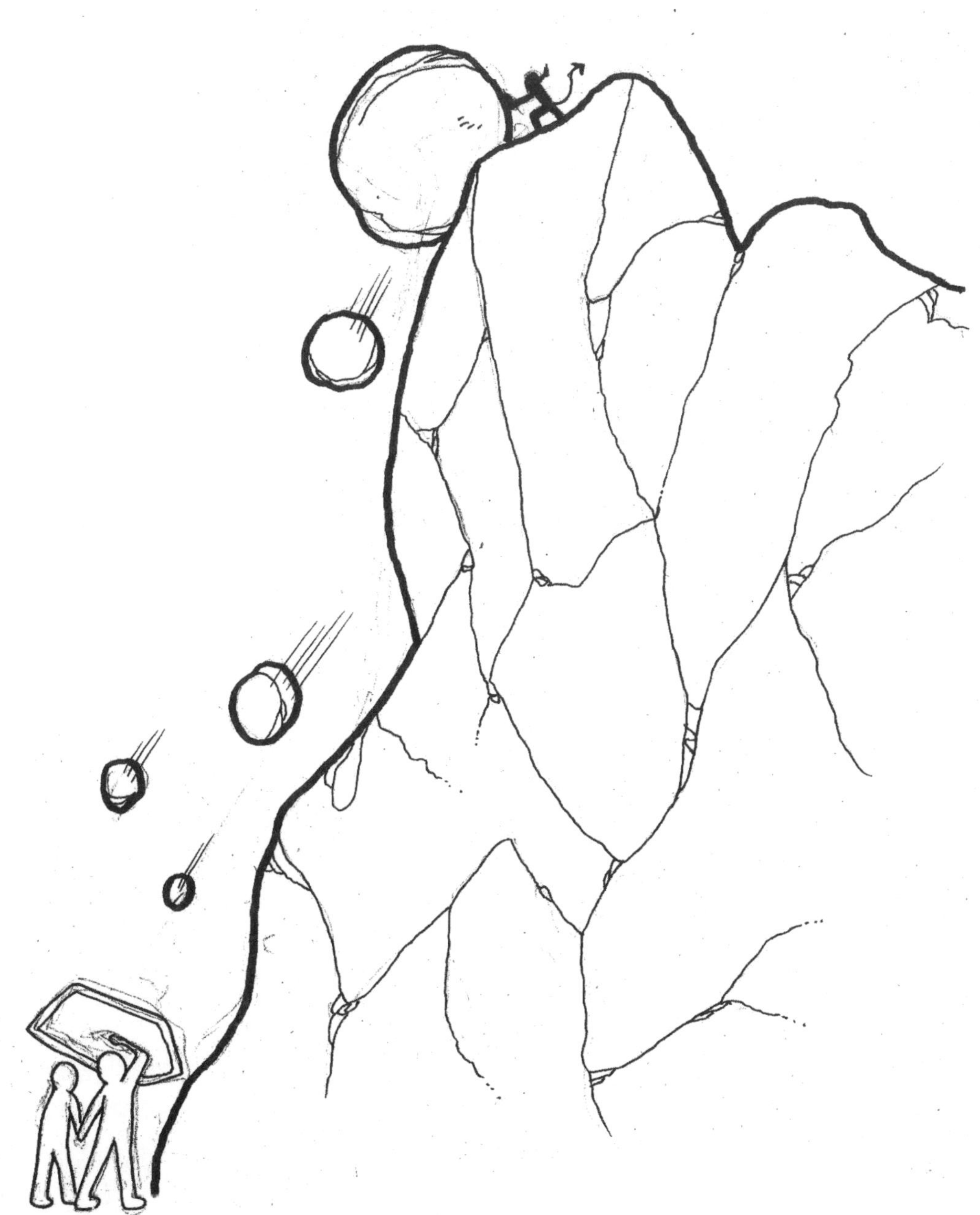

너가 나오는게 아니라
너안의 주인이 주장하도록
기도하는 거야
너의 주인이기 이전에
구원자니까...

꼭잡은 그손 절대
놓지 않을거야

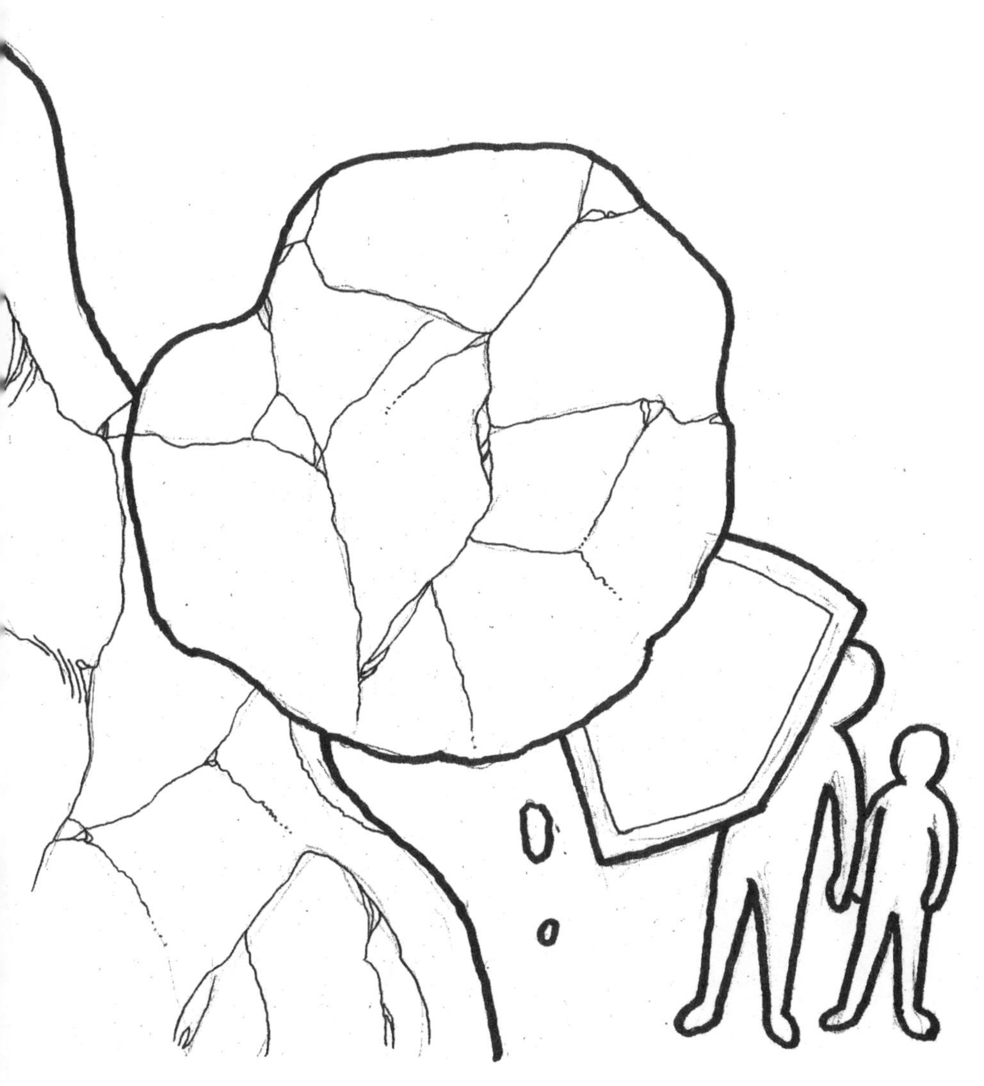

그분이 나의 방패시거든

내가 그런게 뭔지 아니?
아름다운 장미야
누가 뭐라하든 말야.

Epilogue

구원이란 창조된 모습으로 돌아가는 거야
창조된 우리의 원래 모습으로...

가장 초라해 보였던 2000년전의 한 사람으로 부터
모든 사람들이 구원을 받았어.

과거와 현재, 미래를 초월한 그 십자가의 능력을
이제 믿음으로 선포하기만 한다면

너의 삶은 원래 모습대로 그 창조의
본 모습대로
변화될거야

묵·상·일·기 ❶

주님, 손잡아 주세요
나 노래하리이다!

정규진 지음

초판 1쇄 인쇄 / 2013년 12월 24일
초판 1쇄 발행 / 2013년 12월 30일

발행처 / 도서출판 세줄(등록번호 2-4000)
        서울시 중구 인현동 1가 115-1 정산B/D 305호
        ☎ 02)2265-3748~9
총 판 / 선교햇불 ☎ 02)2203-2739
        FAX. 2203-2738

값 10,000 원

ISBN 978-89-92211-84-0   03230